Für Erleuchtung
braucht es
die
richtige
Beleuchtung

Karin Hartel, Elektromeisterin i.R.

Abtauchen

Abtauchen auf Knopfdruck
mit einem Klick
in einem anderen Leben

Abtauchen für einen Augenblick
in einer gespielten, hoffentlich
guten Geschichte

Abtauchen zum Entspannen
das Eigene vergessend
Prinzessin sein

Abtauchen zum Eintauchen
in eine Märchenwelt
Abtauchen?

Ja für eine kleine Weile
und dann eintauchen
ins eigene Abenteuer

Karin Hartel

Wahllose Lyrik

Für alle, die sich das Denken nicht
verbieten lassen

Dieses Büchlein ist auch als E-book erhältlich

Impressum:
Herstellung und Verlag
BoD – Books an Demand, Norderstedt
ISBN 9 783753 406428

1.Auflage
April 2021
Copyright Kunst vom Hof
Hof Mescher, 49593 Bersenbrück
Email: www.kunstvomhof.de
kaha.bsb@t-online.de

Die Seite 2 gibt es zweimal in dem Buch,
das ergibt sich aus dem geheimen Leben eines
Schreibprogramms.

Karin Hartel

Wahllose Lyrik

und ein ganz
klein wenig
Prosa

Band 1

April, April
2021

Berührung

Was mich berührt,
berührt dich nicht.
-Vielleicht.
-Vielleicht nicht immer.
Wenn Du mich berührst,
berühre ich dich.
-Vielleicht.
-Vielleicht für immer.

Ein Heißluftbollon fährt
über meinen Himmel.
Gelb ist er und bunt angemalt.
Menschen im Korb, der am Ballon hängt.
Sie winken, winken mir zu.
Ich antworte, indem ich die
Gartenschaufel schwenke.
Sie lachen und winken mit etwas,
das ich nicht erkennen kann.
Der Ballon voller Fröhlichkeit schwebt weiter.
Erreicht die hohen Bäume, ist viel zu tief.

Berührung

Berührung
fast geschehen

Berührung
schwerelos

Berührung
des Himmelblaus

Berührt werden
vom Himmel

Berührt sein
Frei sein
Freisein

C a
h o s

Zuviel Harmonie
erzwungen
gewaltsam
schön gemalt
endet im Chaos
dem Chaos
aus dem der Wunsch
geboren war

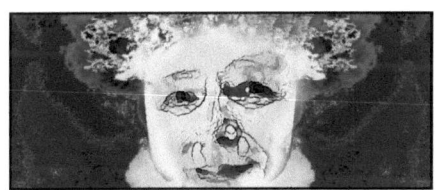

Christenglauben

Ich glaube
an mich
an dich
an Gott
und die Liebe

Ich glaube
an uns
an das Gute
in mir
in dir
das Uns

Ich glaube
an die Auferstehung
und das Leben

Der Drogenhändler

Eine fast frei erfundene Geschichte

Inge hat einen neuen Blumenladen eröffnet. Die Fußgängerzone der kleinen Stadt ist einladend gestaltet und doch rennen ihr die Kunden nicht, wie erwartet den Laden ein. Deshalb hat sie mehr freie Zeit als ihr lieb ist. Sie beobachtet deshalb immer häufiger ihre Nachbarschaft.

Besonders der Laden gegenüber hat es ihr angetan. Ein mittelalter, russischer Schneider betreibt dort einen Miniladen und seine Ladentüre steht fast nie still. Auffällig ist, dass die Leute oft sichtlich bedrückt hineingehen und fröhlich wieder heraus kommen.

Inge denkt, das dies nicht mit rechten Dingen zugehen kann. Noch etwas fällt auf: während ihre Kunden stets in Eile sind und schnell bedient werden wollen, scheinen gegenüber die Uhren anders zu gehen.
Dort warten die Kunden geduldig. Man sieht sie durch das Schaufenstern an dem kleinen

Ladentisch stehen, während der Schneider mit jeweils einem Kunden in dem angrenzenden Raum verschwindet.

Eben aus diesem Raum kommen die Leute dann sehr zufrieden wieder heraus. Selten dauert so ein Besuch länger als zehn Minuten. In der Zeit kann auch der beste Schneider keine Anprobe vornehmen. Also was verkauft der Nadelkünstler in dem Hinterzimmer?

Eines Tages ist es Inge klar: Drogen!!! Der verkauft Drogen. So läßt sich der verklärte Blick derer erklären, die den gegenüberliegenden Laden verlassen. Von ihrer Entdeckung ist die krimiliebende Floristin so begeistert, dass sie sofort bei der Polizei anruft:

„Ich beobachte, wie der Schneider Muchmann von gegenüber, DrogenCh verkauft!"

„Ja, ich bin mir ganz sicher. Schließlich beobachte ich das schon seit Wochen."
„Im Moment sind wieder reichlich Kunden in seinem Geschäft. Wenn sie sofort zuschlagen, können sie die alle festnehmen."

Nach langen zwanzig Minuten beginnt die Show. Volles Programm: Blaulicht, Spürhunde und jede Menge Polizisten.

Nun wird es Inge ein wenig mulmig. Auch wenn der Schneider so eine nette Art hat, wird er bestimmt gefährlich, wenn er erfährt, wer ihm da sein Geschäft kaputt gemacht hat.

Doch es wird niemand verhaftet. Ein Einsatzfahrzeug nach dem anderen verschwindet und als Krönung steht der einsatzleitende Kommissar Hugo Prell mit dem Schneider auf der Straße. Sie lachen und unterhalten sich angeregt.

Inge traut ihren Augen nicht, als die beiden Männer nochmals gemeinsam zurück in den Laden gehen und im Nebenraum verschwinden. Nach einer knappen Viertelstunde kommt der Kommissar zufrieden lächelnd wieder heraus und der nächste Kunde geht hinein, als wenn der Polizeieinsatz nie stattgefunden hätte.

Kommissar Prell schlendert auf Inges Ladentüre zu, beschaut sich schmunzelnd die Blumen und tritt ein.

Inge stürzt auf ihn zu.
„Haben Sie nichts gefunden?"

„Da war nichts zu finden."

„Das kann doch nicht sein. Ich kann ihnen nochmals ganz genau erklären, was da drüben abläuft."

„Sooo, ganz genau?"

Und Inge wiederholt alles ganz ausführlich und erklärt mit dramatischen Worten, wie groß der Umschlag an Drogen pro Tag sein muss. Doch der Kommissar ist und bleibt die Ruhe selbst.

„Also mit mir hat der gute Mann nur gebetet und seine Hand auf meine schmerzende Bandscheibe gelegt.
Seit dem Moment bin ich schmerzfrei."

„Wie? Keine Drogen?"
„Nein, ein weiser Mann, der aus den Weiten der kasachischen Steppe eine große Begabung mitgebracht hat."

Engel

Denk ich an Dich,
denk ich an Engel.
Seh ich Dich lachen,
lacht auch mein Herz.
Hör ich Dich rufen,
komm ich sofort.

Engel des Alltags

Heute will ich den Engel sehen,
den, der mich durch den Alltag begleitet.

Heute will ich alle Engel sehen,
die zwischen den Menschen schweben.

Heute will ich Flügel haben,
unsichtbar, aber nützlich.

Heute will ich abheben,
mich erheben
und wenigstens
für einen Menschen
Engel sein.

Freiheit

Ein schöner Ausblick
ist noch keine Freiheit

Zielgerichtete Freiheit

Mit einem Ziel
ist die Freiheit
Raum für
grenzenlose Sehnsucht.

Doch ohne Ziel
verlier ich mich
im endlos freien Raum.

Frieden

Wer Frieden anstrebt
kann ihn finden

Freundschaftsdienst

Freundschaftsdienst
Dem Freunde dienen
von Herzen geben
ohne Überlegen

Liebesdienst
Der Liebe dienen
mit Herz überlegen
was dem Freund wirklich dient

Herzensfreund
Der Dienst am Herzensfreund
ist niemals Last
ist lastenfreies Geben

Geschenk von Herzen

Was soll ich dir schenken?
Du hast alles schon.
Und manches gar
doppelt und dreifach.

Was soll ich dir schenken?
Was macht dich denn froh?
Etwas ganz Großes?
Ganz Buntes?

Ein Fesselballon,
ja das wär ein Ding.
Der würde dich fesseln bestimmt.

Dann könntest Du fliegen
zu mir, du mein Herz
du mein
Herzallerliebstes

Zu großes Glück

Ich kann mein Glück kaum (um) fassen,
meine Hände sind zu klein.

Ich kann mein Glück kaum beschreiben,
mein Wortschatz reicht nicht aus.

Ich kann mein Glück kaum (aus) leben,
mein Glaube ist zu schwach.

Stimmt das ?

Meine Hände, sie sind ganz perfekt,
wenn ich sie mit Respekt betrachte.

Mein Wortschatz ist gigantisch groß,
groß genug, um Bücher zu füllen.

Mein Glaube, er reicht unendlich weit,
bis in den Himmel, zu Gott dem Vater,
der mich liebt.

Voraussetzung für Glück

Ein kleines Haus,
ein dichtes Dach?
Ein Platz zum Leben,
ein Raum zum Lieben!
Das ist genug zum Glücklichsein.

Glück wünschen
Ich wünsche dir Glück,
doch kann ich es schenken?
Verpackt recht schön
in einem Karton?

Ich wünsche dir Liebe,
die kann ich dir geben
unverpackt
und ganz ehrlich.

Doch kannst du sie nehmen
erwidern sogar?
Zerbrechlich und zart
darf sie wachsen
mit jedem Jahr.

Guter Schein

Der Schein trügt,
der schöne,
er ist es nicht wert,

was ein Blümchen von Herzen,
ein echtes Geschenk,
eine Zeitspanne Liebe,
dir zu geben vermag.

Der Gutschein fürs Leben,
muss echt und
unverkäuflich sein.

X+X+X+X+X

Geschenke kommen von ganz alleine,
wenn du ihnen Raum und Zeit gibst.

Es kommt nicht darauf an,
was wir schenken
sondern wie wir schenken

Himmelsblick

Schau ich in den Himmel,
wünsch ich mir
zu fliegen.

Schau ich in die Bäume,
wünsch ich mir
verwurzelt
zu sein.

Schau ich in den Spiegel,
sehe ich den
Engel ohne Flügel,
das Verwurzelte
ohne Grün.

Nachthimmel

Wer mit offenen Augen
in den Himmel schaut
kommt an der Realität
der Erde nicht vorbei

Weiter Himmel

Zwischen der Weite des Himmels
und dem festen Fundament der Erde,
gibt es eine sagenhafte Leere,
einen Raum voller Licht und Farbe,
Platz für Gefühle, die zu groß sind,
Berührung des Herzens
von Unsichtbarem.

Ich
schreibt man
manchmal groß

Wer bin ich
Was will ich sein

Wie bin ich
Wie bin ich geworden
was ich bin

Wie kann ich werden
was ich gerne wär

Wie verändere ich
die Wirklichkeit

Ich könnte

Ich könnte wenn ...
Ich könnte, wenn ich könnte!

Ich könnte etwas tun,
was Nützliches vielleicht,
was Wichtiges bestimmt,
es ließ sich etwas finden.

Doch tue ich nichts.
Sitz nur in meinem Garten.
Lausche intensiv dem Gurren einer Taube,
verfolge still den Tanz der müden Mücken,
und lache leise über die
Sprünge des Eichhörnchens,
atme die schwere Herbstluft ein.

Ich denke, fühle, sehe,
ich höre, lache, atme,
genieß den Augenblick.

Ich könnte glücklich sein,
wenn ich begeifen könnte,
wie wichtig all das ist,
von Nichtstun,
keine Rede.

Jesus

Jesus ich kenne dich nicht persönlich
doch schreib ich dir jetzt mal

Man hat dich mir beschrieben
ein Bild von dir gemalt

Jesus ich kenne dich nicht persönlich
doch scheinst du toll zu sein

Man schwärmt von dir seit Bethlehem
ich kann das nicht verstehen

Du warst ein kleines Kind, wie ich
und vorlaut in dem Tempel

Auch ich war vorlaut im Unterricht
und wagte einst zu fragen

Bekam aufs Maul einst wegen dir
weil ich dein Sein hinterfragte

Jesus ich kenne dich nicht persönlich
doch schreib mir mal, ich warte Dein

Kunst in Dangast

Und Kunst, das ist Veränderung,
ein Stammeln in den Wind.
Mein Blick, der ist sehr eingeschränkt,
durch Ebbe, Flut und Watt.

Kunst
einfach Kunst

Ich sehe was
was du nicht siehst
und nenn es Kunst

Kurz

Wenn dir dein Leben
zu kurz erscheint
für all deine Träume,
dann fang am besten
heute an,
sie zu verwirklichen.

Das

Lebensziel

Lebensziel erreicht
heißt, am Ende zu sein.

Am Ende des Lebens
in die Zielgerade einlaufen
wenn es gut gelaufen ist

Am Ende des Lebens
kann auch heißen
verzweifelt zu sein
weil man sich
verlaufen
hat

Keine Lücke

Du fehlst mir nicht
da ist auch keine Lücke

Du fehlst mir nicht
bei mir läuft alles rund

Du fehlst mir nicht
auch nicht deine Geschenke

Sie sind es
die in jeder Lücke stehn

Sie sind es
die ich früher liebte

Sie sind es
die jetzt gehen

M, wie Muliplikation

Wenn man Gutes mit Gutem
multipliziert
dann kommt
noch mehr Gutes
dabei heraus.

Rechne es nach!
Es stimmt.

Das rechte Maß

Das rechte Maß, es wäre schön,
wenn man es findet.

Doch wenn es meine Freude mindert,
ist es dann noch das rechte Maß?

Massenhypnose

Gebannt sitz ich
vor meiner Glotze

Gebannt krall ich
mich fest am Sitz

Gebannt von all
den bunten Bildern

Verbannt mit all den
vielen Menschen

die gleiches spüren
wie gelähmt

Nebenbei

Ganz nebenbei
fand ich das Glück
konnt es erst nicht begreifen

Zu unbekannt
war das Gefühl
ich hatte Magenkneifen

Und Schmetterlinge
hatte ich auch
im Bauch, im Kopf,
im kleinen Zeh

Ganz nebenbei
griff ich erst zu

Begriffen habe ich
mein Glück
ganz nebenbei
erst jetzt

Neu Gierig

Gierig auf Neues
kaum Zeit
Altes zu verdauen

Neu gierig
Immer wieder neu
diese Gier

Alt lasten
Immer wieder
Augen zu

Alt lasten
vergraben, verbrennen
abwerfen, entsorgen

Platz schaffen für Neues
ohne Gier Gutes finden

N...

... wie Neid

Neid ist eine
krankmachende
Reaktion
auf Dinge,
die man selbst
nicht haben kann

Manchen Menschen
ist es nicht bewusst,
dass sie im tiefsten Grunde
ihres Herzens neidisch sind.
Und doch nagt dieses Gefühl
in ihnen und verhindert
jede Art von
echtem Glück.

Optimaler Zeitpunkt

Der optimale Zeitpunkt
für dieses oder jenes Tun,
der steht wohl in den Sternen,
doch sind die ja weit weg.

Der optimale Zeitpunkt,
ich spür ihn in mir drinnen.
Da brauch ich weder Mond,
noch weit entfernte Sterne.

Der optimale Zeitpunkt,
er ist ein Riesengeschenk.
Wenn ich mich ihm ergebe
und geh, wohin mein Herz
mich lenkt.

Rilkes Opfer

Der Dichter ist ein Täter
die Worte seine Waffen

Im Lesen seiner Worte
Opfer geworden
verdorben für das Leben
das leichte, seichte Leben

Der Dichter erzeugt Tiefgang
wühlt sich durch wildes Meer

Im Begreifen dieses Kampfes
ist nichts mehr wie bisher

Der Dichter ist ein Täter
ein Sehender
ein zuviel Fühlender
der Dichter ist selbst Opfer

Nur keine Panik

Papierflut Datenberge
Papierberge Datenflut
Flut die mich umspült
Berge die ich genieße
Flut die mich mitreißt
Berge die mich zermalmen
wenn sie mir über
den Kopf wachsen

Denk Pause
Denkerpause
Denk an ne Pause
Pausiere vom Denken

Panik verweigern

Flusenmonster
Fettspritzer
Staubschichten

türmen sich vor mir auf
fallen mich an
lehren mich das Fürchten

Wiederkehrende Unendlichkeit
unbezwingbarer Gegner
Panikmacher Nr.1

Wenn Du einparkst,
mach eine kleine Pause draus.

Die Quelle

Die Quelle finden
ist nicht schwer
man muss nur rückwärts gehen

Die Quelle finden
ist vielleicht
doch gar kein Kinderspiel

Die Quelle finden
ganz bestimmt
bewahrt vor Ungewißheit

Ich habe zwei Romane
mit diesem Titel gelesen

Beide waren gut
Beide waren hart
auf ihre Weise,
wie Quellen
halt so sind.

REUE

Ich bereue!
Ich bereue Dich angerufen zu haben.
Dich aus Deiner Ruhe gebracht zu haben.
Mich in Deinen Machtbereich begeben zu haben.

Ich bereue!
Ich bereue nicht Dich zu lieben.
Doch ich bereue, dass ich es Dir immer wieder sag
Auf das Echo hoffend, dass nicht kommt.

Ich bereue
in Wirklichkeit nichts.

<u>Segen</u>

Sich regen, bringt Segen
Sich beugen, bringt Last.

Blind glauben entführt uns
in ein neues Land.

Das Land, das wir kennen,
verschwindet im Nichts.

Vergessen wir bald
was Menschlichkeit ist?

x+x+x+x+x

Wer den Segen des Schreibens begreift,
kann staunend den Stift ergreifen,
kann Gedichte und Geschichten
aus der Feder laufen lassen.

Einfach schreiben
sich einfach gesegnet fühlen
Das Geschriebene teilen
sich doppelt beschenkt fühlen.

Das Tal

Das Tal der Tränen,
ich habe es gefunden,
gerade eben,
in meinem Gesicht.

Der Blick in den Spiegel,
am Morgen danach,
der zeigt es mir deutlich,
ich sehe das Tal.

Es grub sich ganz tief
in die einst straffe Haut,
es kam ganz natürlich
gehört jetzt zu mir.

Ich schließe die Augen
und lass mich drauf ein,
mein Tal der Tränen,
darin, ich allein.

Unfähig

Unfähig zum Entsorgen
von altem, gutem Müll.

Die Socken mit den Löchern,
das Tshirt mit dem
ausgefransten Kragen.

Unfähig zum Vergeben
von alter, schwerer Schuld.

Sortiere ich die Ehemaligen,
die Folterknechte
in den alten Schuhkarton.

Unfähig für die
unbeschwerte Freiheit
ist auch das größte Haus
zu klein für mich.

Unterdruck
Unter Druck
Unterdrücker
Unterdrückter

Unter Druck
großes Schaffen
in unglaublicher Geschwindigkeit
Druckreifes zu Papiere bringen

Unter Druck
Vergessen vertreiben
in wahnsinniger Intensität
Erlebtes festhalten

Unter Druck
Erlösung finden
in glockenheller Leichtigkeit
das Nein zebebrieren

Verdaut

Verdaut , das Reingestopfte
das was man Nahrung nennt
essbare Seelentröster
trinkbaren Trost

Verdaut
das Unerträgliche
das was man
zwischenmenschlich nennt
vermeintliche Gemeinschaft
mit Nichtgleichgesinnten

Verdaut und ausgeschieden
allen Müll und alte Last

Nun erst mal fasten
sich und dem Darm
Ruhe gönnen

Dann Neuanfang
ohne Hast

Verkettung

verspiegelter
Tatsachen
Was ist noch echt
in dieser Welt
voller Spiegel?
Ich sehe nach vorn
und blick doch zurück.
Will, muss, kann sehen
was hinter mir ist
doch nicht in echt
nur Spiegelbild
der Wirklichkeit.
Blick ich zurück
woher ich komm
kann ich das
Ziel vor mir
nur noch
im Spiegel sehen.
Es ist zwar klar,
doch nur Spiegelbild
der Wirklichkeit.

Verzicht

Ich will verzichten
auf Hass und Gewalt

Ich will verzichten
auf Vorurteil und Urteil

Ich will verzichten
auf kleinliches Denken

Ich will verzichten
auf Sinnlosigkeit

Weggedrückt

Du hast mich weggedrückt,
mit einem Finger.

Du hast mich weggedrückt,
aus deinem Leben.

Du hast mich weggedrückt,
in dir unbekannte Welten.

Endlich bin ich frei.
Begreife die Möglichkeiten,
die sich mir bieten
- ohne dich!

Der Satz mit X, der war wohl nix.
Gedicht mit X wird weggedrückt.

Der Buchstabe
des Dreigestirns
löst bei mir Freude aus
Gedanken an
zwei
Menschen
gleich
ich ich jetzt
kennen darf

Yvette
und
Yara

Zaghaft

Zaghaft geh ich neue Schritte
in ein Leben ohne Angst

Angefüllt mit Lebenshunger
klopft das Herz in meiner Brust

Augen staunend aufgerissen
nehmen wahr den Lichterschein

ausgesandt von Engelwesen
unsichtbar und spürbar kaum

Höre sanfte leise Klänge
Glockenspiel der Herrlichkeit

Spüre Wärme, wohlig weiche
hüllt ganz meine Seele ein

Zaghaft

Rieche zarte Wohlgerüche
Blumenduft und Blütenstaub

Schmecke süße reife Früchte
schmause gierig dunkle Beeren
schlürfe Saft aus hohler Hand

Hab den Blick nach vorn gewandt
spür im Rücken wohlig Wärme
einer liebend schützend Wolke

Hüllt mich ein mit viel Verstand
kann klar denken
tu nicht wanken

gerade stehen
aufrecht gehen
.

Zaghaft

Lachen
Lächeln
Späße machen

springen laufen
hüpfen lachen
Purzelbäume machen

Arme ausgebreitet weit
Welt umarmen
und den Nächsten

Eng umschlungen festgehalten
Minute voller Ewigkeit

Losgelassen flügelschlagend
aufgeschwungen hin zum Licht

Freiheit in der freien Schwebe
oder schweb ich völlig frei?

Schau Dir die Bilder an
zum Buch unter
www.kunstvomhof.de

Und schreib mir mal,
wenn Du Gedanken
teilen willst,
die Zeit läuft

Uhrwerk
Stadtmuseum Quakenbrück

kaha.bsb@t-online.de

Nachschlag:

Ganzer Mann mit halbem Auto

Das einzig Sportliche an ihm war sein Auto.
Noch nicht mal ein ganzes Auto. Seinem Auto
fehlte das Dach. Das Cabrio war so alt wie er,
doch besser gepflegt.

Das Auto brachte ihm die jungen Frauen,
die gerne mit ihm in den Süden fahren wollten.
In sein Haus am Meer, von dem er erzählte,
als ob es dies wirklich gäbe.

Auf dem Weg dorthin, nahm er sich, was er
von den jungen Frauen wollte. Sein altes Auto
ließ ihn regelmäßig im Stich, wenn er das
wollte und so kam nie heraus, dass er gar
kein Haus im Süden hatte.

Bis zu dem Tag, an dem er an Emma geriet.
Sie ließ sich nicht von ihm einwickeln. Ihr
Interesse galt nicht dem Kerl oder
dem Haus am Meer. Sie verliebte sich in das
Auto und als es angeblich den Geist aufgab
und sie in der Kaschemme übernachten sollte,
in der natürlich nur noch ein Doppelzimmer frei
war, da ahnte sie die Masche des alten Mannes.
Sie sagte ihm, dass sie im Auto übernachten
würde. Da war kein Platz für Zwei. Er hatte
das billige Doppelzimmer für sich alleine und

sie fand die Sollbruchstelle schnell. Schloss die
Zündung kurz und begab sich auf ihre Singlreise
zum Meer. Dort fand sie einen Autoliebhaber,
ein feuriger Italiener, der das Auto ebenso
toll fand wie die Fahrerin.

Sie gestand ihm, dass sie das Auto geklaut
hatte. Dafür verliebte er sich noch heftiger in
sie. Sie besorgten sich gebrauchte Teile
der Karosserie, lackierten das Gefährt neu,
ohne die Dellen zu beseitigen.
Die einwandfreie Karosserie motteten sie ein.
Für ihre Kinder! Sie selbst fuhren mit der
Rostlaube bis das erste Kind den
Führerschein hatte.

Der alte Mann war da schon lange tot.
Ohne das Cabrio hatte das Leben
keinen Sinn mehr für ihn.
Er bekam keine jungen Frauen mehr
ins Bett, Die alten wollte er nicht,
das Geld für ein neues Auto fehlte.

Inhaltsverzeichnis

Inhaltsverzeichnis	Seite		Seite
Abtauchen	1	Kunst, einfach Kunst	22
Berührung	2	Kurz	22
Berührung fast	3	Manchen Menschen	29
Chaos	4	Massenhypnose	26
Christenglauben	5	Multiplikation	25
Das Lebensziel	23	Nachthimmel	18
Das rechte Maß	25	Nebenbei	27
Das Tal	37	Neid	29
Denkpause	32	Neugierig	28
Denkpause	32	Nur keine Panik	32
Der Drogenhändler	6	Optimaler Zeitpunkt	30
Die Quelle	34	Panik verweigern	33
Ein Heißluftballon	2	Pause	33
Engel	10	Reue	35
Engel des Alltags	10	Rilkes Opfer	31
Freundschaftsdienst	12	Segen	36
Frieden	11	Segen des Schreibens	36
Ganzer Mann mit Auto	49	Uhrwerk	48
Geschenk von Herzen	13	Unfähig	38
Geschenke kommen	16	Unter Druck	39
Glück wünschen	15	Verdaut	40
Glück wünschen	15	Verkettung	41
Glück zu großes	14	Verzicht	42
Glühlampe	0	Voraussetzung für Glück	15
Guter Schein	16	Weggedrückt	43
Himmelsblick	17	Weiter Himmel	18
Ich könnte	20	Wer bin ich	19
Ich schreibt man	19	X Gedicht war nix	43
Jesus	21	Y Dreigestirn	44
Keine Lücke	24	Zaghaft geh ich	45
Kunst in Dangast	22	Zielgerichtete Freiheit	11